ATLAS

DU

PRÉCIS HISTORIQUE

DE LA GUERRE

ENTRE LA FRANCE ET L'AUTRICHE,

EN 1809;

PAR LE COMTE ALEXANDRE DELABORDE,

MEMBRE DE L'INSTITUT, etc., etc.

A PARIS,

Chez { ANSELIN et POCHARD, Libraires, rue Dauphine, N° 9.
MASSON et Fils, Libraires, rue d'Erfurth, N° 3.

1823.

Frontispice.

Passage du Danube pendant la nuit du 4 au 5 Juillet 1809.

TABLE

DES PLANS, CARTES ET GRAVURES

QUI ACCOMPAGNENT

LE PRÉCIS HISTORIQUE DE LA GUERRE

ENTRE LA FRANCE ET L'AUTRICHE EN 1809.

Situation de l'Armée Autrichienne d'Allemagne et d'Italie au 10 Avril 1809.

Commandant Généralissime, S. A. I. L'Archiduc Charles.

1er Corps d'Armée.
Commandant de Corps, Gén. de Cav.: Comte de Bellegarde.

L. G.	G. M.	Régiment			
[illegible]	[illegible]	[illegible]			

2ème Corps d'Armée.
Commandant de Corps, Gen. d'Artill.: Comte de Kollowrath.

L. G.	G. M.	Régiment			
[illegible]	[illegible]	[illegible]			

3ème Corps d'Armée.
Commandant de Corps, Lieut. Génal: Prince de Hohenzollern S.

L. G.	G. M.	Régiment			
[illegible]	[illegible]	[illegible]			

4ème Corps d'Armée.
Commandant de Corps, Lieut. Génal: Prince de Rosenberg.

L. G.	G. M.	Régiment			
[illegible]	[illegible]	[illegible]			

5ème Corps d'Armée.
Commandant de Corps, Lieut. Génal: S. A. I. L'Archiduc Louis.

L. G.	G. M.	Régiment			
[illegible]	[illegible]	[illegible]			

6ème Corps d'Armée.
Commandant de Corps, Lieut. Génal: Baron de Hiller.

L. G.	G. M.	Régiment			
[illegible]	[illegible]	[illegible]			

1er Corps de réserve.
Commandant de Corps, Général de Cav.: Prince Jean de Lichtenstein.

L. G.	G. M.	Régiment			
[illegible]	[illegible]	[illegible]			

2ème Corps de réserve.
Commandant de Corps, Lieuten. Génal: Baron de Kienmayer.

L. G.	G. M.	Régiment			
[illegible]	[illegible]	[illegible]			

7ème Corps d'Armée.
Commandant de Corps, Général de Cav.: S. A. R. L'Archid. Ferdinand.

L. G.	G. M.	Régiment			
[illegible]	[illegible]	[illegible]			

Commandant Général du 8e et 9e Corps, S. A. I. L'Archid. Jean.

8e Corps d'Armée.
Commandant de Corps, Lieut. Général, Marquis de Chastelér.

L. G.	G. M.	Régiment			
[illegible]	[illegible]	[illegible]			

9ème Corps d'Armée.
Commandant de Corps, Lieutenant-Général, Comte de Giulay, Baron de Crivits.

L. G.	G. M.	Régiment			
[illegible]	[illegible]	[illegible]			

Armée d'Insurrection Hongroise.
Général en Chef, S. A. R. L'Archid. Palatin de Hongrie.

Districts	Généraux	Bataillons	Rég. de Cavalerie	Hommes	Districts	Généraux	Bataillons	Rég. de Cavalerie	Hommes
[illegible]	[illegible]	[illegible]	[illegible]	[illegible]	[illegible]	[illegible]	[illegible]	[illegible]	[illegible]

Tableau des Troupes de Réserve de Landwehr au Commencement de la Guerre.

Provinces	Généraux	Bataillons de Landwehr	Comp. Franches	Escadrons	Hommes	Provinces	Généraux	Bataillons de Landwehr	Comp. Franches	Escadrons	Hommes
[illegible]	[illegible]	[illegible]	[illegible]	[illegible]	[illegible]	[illegible]	[illegible]	[illegible]	[illegible]	[illegible]	[illegible]

Récapitulation.

Armée Autrichienne	Bataillons	Escadrons	Combattans
1er Corps	27	16	
2e	27	16	
3e	28	16	
4e	27	16	
5e	28	16	
6e	31	24	
Totaux	168	104	

Armée Autrichienne	Bataillons	Escadrons	Combattans
(Au centre)	168	104	
7e Corps	25	44	
8e	23	16	
9e	30	28	
Réserve 1er	12	36	
2e	5	34	
Totaux	263	258	

		Bataillons	Escadrons	Combattans
(Au centre)		263	258	335,000
Armée Hongroise	Rive gauche du Danube	4	12	4800
	Rive droite du Danube	5	15	6846
	Rive gauche de la Theiss	5	6	6202
	Rive droite de la Theiss	4	12	3567
Réserve de Landwehr	Bohême, Moravie, Silésie, Autriche, Salzbourg	170	16	127,709
	Autriche, Galicie, Hongrie	146	15	60,806
Totaux		597	334	544,930

Situation des Armées Françaises et confédérées d'Allemagne et d'Italie, au 1er Juillet 1809.

L'Empereur **Napoléon** Commandant en personne.

Garde impériale. — 2e Corps. — 3e Corps. — 4e Corps. — 7e Corps (Troupes Bavaroises). — 8e Corps (Troupes Würtembergeoises).

10e Corps. — 11e Corps. — Réserve de Cavalerie. — Armée Polonaise. — Réserve dans le Nord de l'Allemagne (Duc d'Abrantès). — Armée d'Italie et div. Marmont.

Récapitulation.

	Bataillons	Escadrons	Combattans
Garde impériale	30	18	12.335
2me Corps	46	19	23.586
3me Corps	42	24	38.875
4me Corps	52	33	40.097
Totaux	159	80	119.596

	Bataillons	Escadrons	Combattans
B. contre	159	89	119.596
7me Corps	29	24	2.586
8e Corps	14	12	9.727
10e Corps	40	11	23.206
11e Corps	28	10	14.592
Totaux	270	146	191.007

	Bataillons	Escadrons	Combattans
B. contre	270	156	191.007
Réserve de Cavalerie	0	56	8.216
Armée Polonaise	10	24	12.302
Réserve dans le Nord de l'Allemagne	17	28	10.225
Armée d'Italie et divisions Marmont	12	62	5.853
Totaux	353	342	252.583

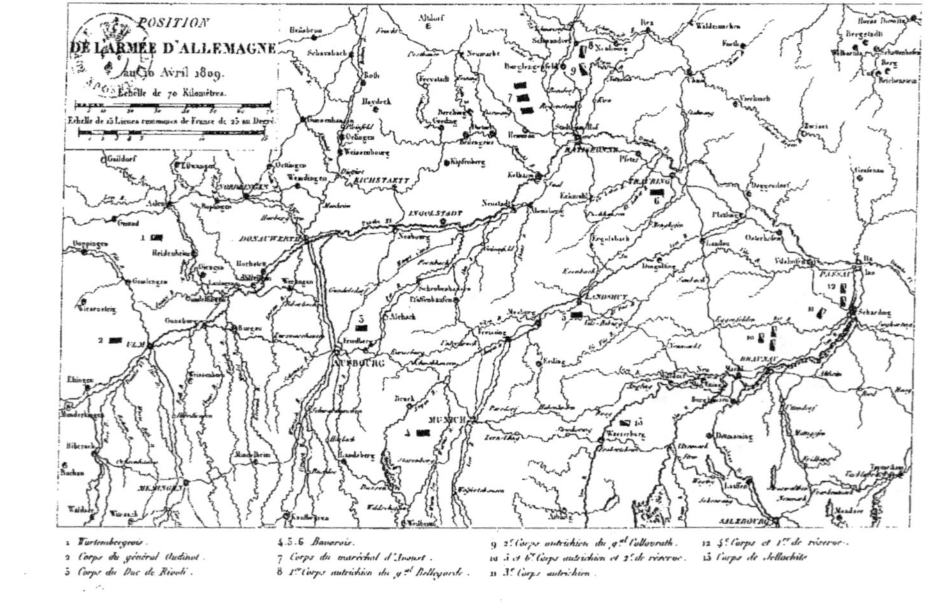

POSITION
DE L'ARMÉE D'ALLEMAGNE
au 16 Avril 1809.
Echelle de 70 Kilomètres.
Echelle de 15 Lieues communes de France de 25 au Degré.
1 Wurtembergeois.
2 Corps du général Oudinot.
3 Corps du Duc de Rivoli.
4. 5. 6 Bavarois.
7 Corps du maréchal d'Avoust.
8 1er Corps autrichien du gal Bellegarde.
9 2e Corps autrichien du gal Collovrath.
10 5e et 6e Corps autrichien et 2e de réserve.
11 3e Corps autrichien.
12 4e Corps et 1er de réserve.
13 Corps de Jellachite.

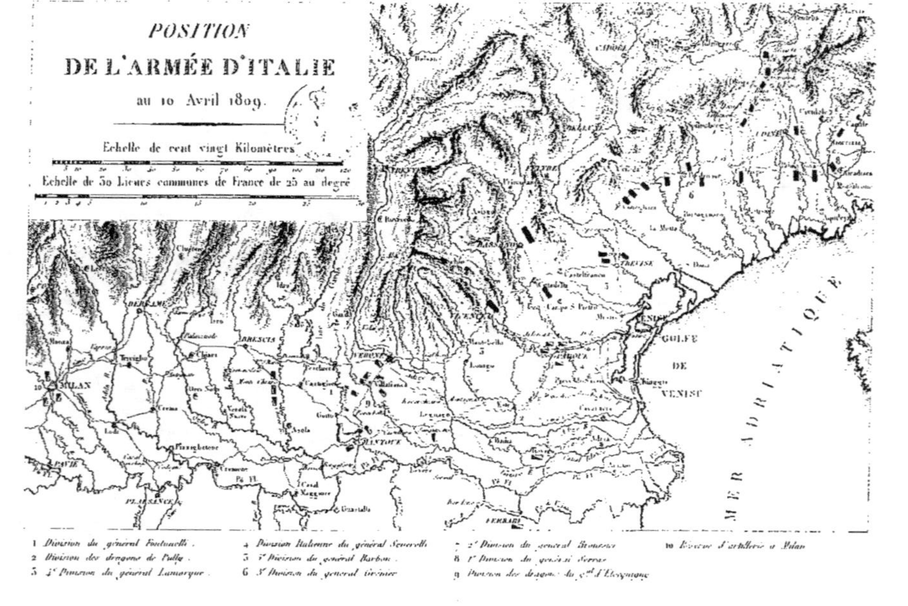

Troupe Française.
Troupe Italienne.
POSITION
DE L'ARMÉE D'ITALIE
au 10 Avril 1809.
Echelle de cent vingt Kilomètres.
Echelle de 30 Lieues communes de France de 25 au degré.
MER ADRIATIQUE
GOLFE DE VENISE
MILAN
BERGAME
BRESCIS
PAVIE
PLAISANCE
FERRARE
1 Division du général Fontanelli.
2 Division des dragons de Pully.
3 1e Division du général Lamarque.
4 Division Italienne du général Severoli.
5 5e Division du général Barbou.
6 3e Division du général Grenier.
7 2e Division du général Broussier.
8 1e Division du général Serras.
9 Division des dragons du g.al d'Espagne.
10 Réserve d'artillerie à Milan.

BATAILLE DE THANN
Livrée le 19 Avril 1809.
Par S.A.I. L'ARCHIDUC CHARLES
aux Corps Français et Bavarois
sous les Ordres des Ducs
D'AUERSTAEDT et DANTZICK
Autrichiens. Bavarois.
Français. Wurtembergeois.
Echelle de deux Lieues de France 23 à un Degré.
RATISBONNE
KEHLHEIM
NEUSTADT
ABENSBERG
THANN
LANDSHUT
A. Deuxième Corps autrichien formant la première colonne d'attaque sous les ordres du Prince de Hohenzollern
a. Détachement de ce corps
B. Grenadiers autrichiens du premier corps de réserve en position sur les hauteurs de Grals avec l'Archiduc généralissime.
C. Quatrième corps autrichien sous les ordres du Prince de Rosemberg formant la 2e colonne d'attaque
c. Détachement de ce corps.
D. 2e corps de réserve autrichien formant la 3e colonne d'attaque sous les ordres du Prince de Lichtenstein.
d. Détachement de ce corps.
E. 3e corps autrichien sous les ordres du général Comte de Kollowrath en position près de Ratisbonne.
F. 1er corps autrichien du général Bellegarde en marche sur Ratisbonne.
H. 5e corps autrichien sous les ordres de l'Archiduc Louis.
I. 6e corps autrichien sous les ordres du général Hiller en marche d'Au sur Moosbourg.
G. Brigade Thierry envoyée de Rohr pour établir la communication avec le corps de l'Archiduc Charles et l'Archiduc Louis attaqué par des colonnes nombreuses en avant de Leibens et forcé à se retirer sur Offenstetten.
K. Brigade du général Pfanzelter du corps de Hohenzollern restée en observation près de Rohel
L. Brigade Bianchi du 3e corps envoyée au soutien du général Thierry et arrêtant une colonne Bavaroise qui voulait déboucher de Bibourg.
M. Division du général St Hilaire protégeant la marche de flanc du Duc d'Auerstaedt.
N. Détachement de cette division.
O. Division Friant appuyant la division St Hilaire.
P. Cavalerie Montbrun couvrant les défilés d'Abbach et prolongeant la gauche de la division Friant.
Q. Marche des divisions Gudin Morand St Sulpice et de l'armée du Duc d'Auerstaedt se réunissant sur Lahens avec les Bavarois.
R. Bavarois en position derrière Lahens et se formant en colonne d'attaque contre la division Thierry.
S. Corps du général Oudinot arrivant à Pfaffenhoffen.
T. Détachement du major autrichien de Schreiber défendant Pfaffenhoffen contre le général Oudinot.
V. Wurtembergeois arrivant à Abensberg de Neustadt sous les ordres du général Vandamme
X. Bagages et munitions des autrichiens restés près de Landshut.

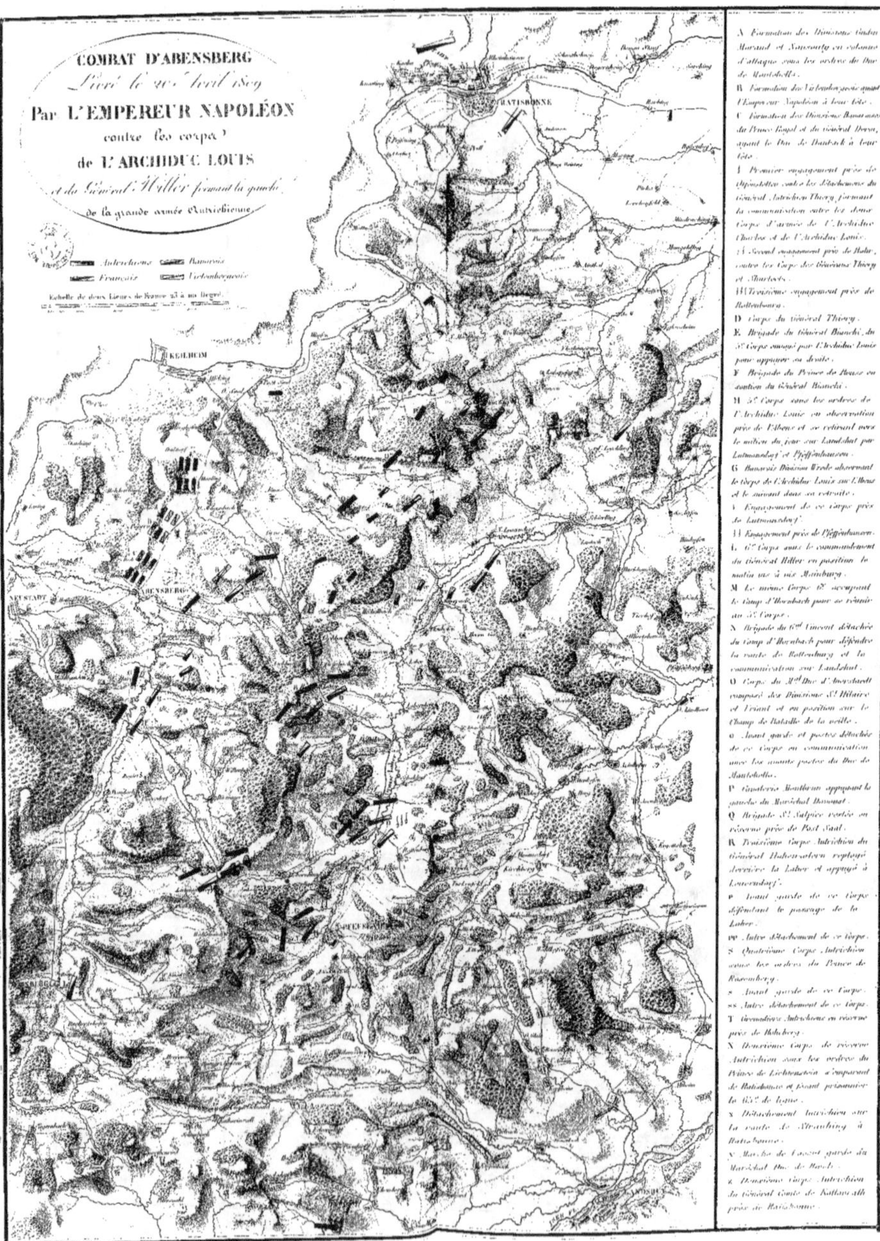

COMBAT D'ABENSBERG
Livré le 20 Avril 1809
Par L'EMPEREUR NAPOLÉON
contre les corps
de L'ARCHIDUC LOUIS
et du Général Hiller formant la gauche
de la grande armée autrichienne
Autrichiens   Bavarois
Français   Wurtembergeois
Echelle de deux Lieues de France 23 à un Degré.
RATISBONNE
KEILHEIM
NEUSTADT
ABENSBERG

AFFAIRE DE LANDSHUT
le 21 Avril 1809
entre L'EMPEREUR NAPOLÉON
et les armées Autrichiennes combinées
sous les ordres
de S.A.I. L'ARCHIDUC CHARLES
Autrichiens
Bavarois
Français
Vurtembergeois
Echelle de deux lieues de France 25 à un Degré
RATISBONNE
KEHLHEIM
NEUSTADT
A Corps du Duc de Montebello sous les Vurtembergeois et l'Empereur Napoléon continuant le mouvement de la veille sur Landshut, base des communications Autrichiennes.
B Corps détachés Autrichiens de l'Archiduc Louis, renforcés d'une partie du 6e Corps du Général Hiller.
C Corps Bavarois sous les ordres du Duc de Dantsick suivant le mouvement de la veille par la route de Pfaffenhausen.
D Arrière garde du Général Radetski du Corps de l'Archiduc Louis, soutenant l'attaque des Bavarois dans la position de Essingen.
E Réunion de toute l'armée Française vis à vis de Landshut.
F Corps du Général Oudinot arrivant de Pfaffenhofen et se réunissant à l'armée de l'Empereur.
G Corps du Duc d'Auerstaedt composé des Divisions Friant et Saint Hilaire, occupant le Hohenwald contre le 4e Corps Autrichien.
H Cavalerie du Corps Bavarois détachée par l'Empereur Napoléon et occupant la plaine à gauche de Schierling.
K Infanterie de ce Corps venant d'occuper Schierling.
L Quatrième Corps Autrichien sous les ordres du Prince de Rosemberg ayant quitté la position de Biolingen et occupant le haut du Bois de l'Ober Lenchling.
M Batterie Autrichienne tirant de la plaine sur la Cavalerie Bavaroise.
N Batterie Française dirigée sur la Batterie Autrichienne.
O Troisième Corps Autrichien du Prince de Hohenzollern arrivant de Lecrendorf et prenant position au soutien du 4e Corps.
P Grenadiers Autrichiens restés en réserve près de Hohenberg.
Q Cuirassiers Autrichiens en réserve.
R Division Lindenau et 2e Corps de réserve Autrichiens aux ordres du Prince de Lichtenstein revenant de Ratisbonne.
S Brigade Vécsey dépendante de ce Corps.
T Cavalerie légère Montbrun observant ces Corps et appuyant l'aile gauche du Duc d'Auerstaedt.

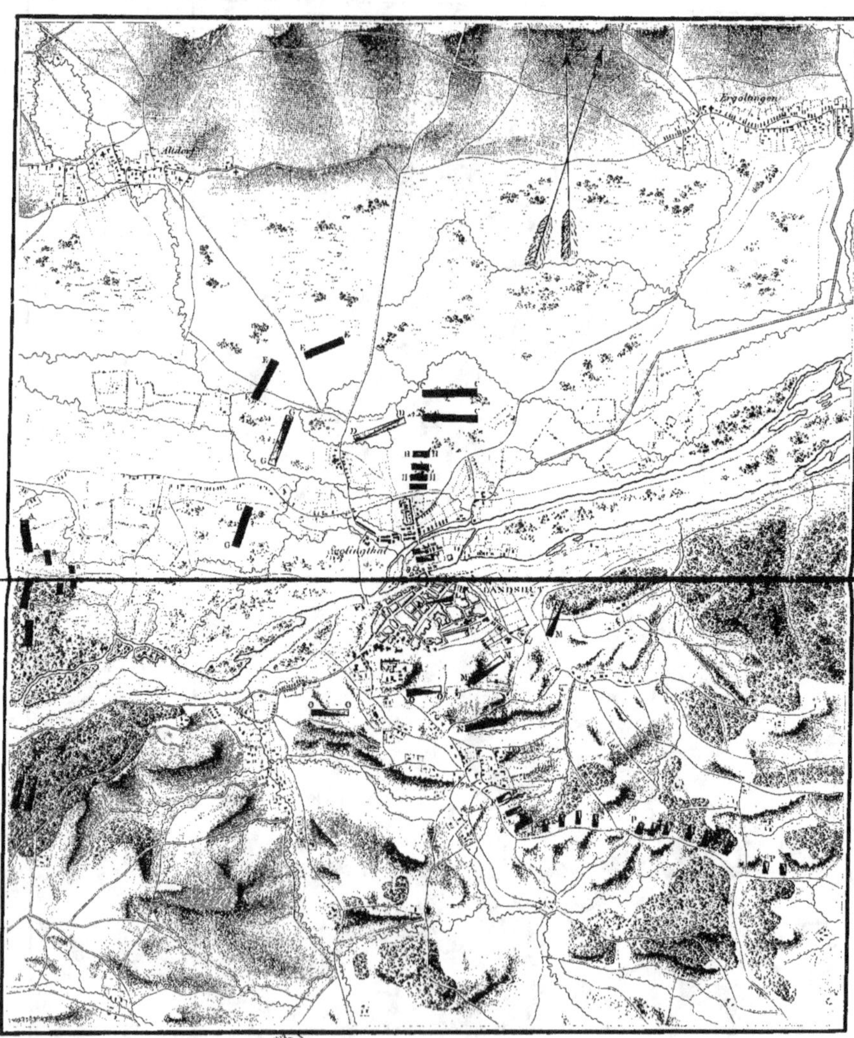

Ergoldingen
Altdorf
Saglingthal
LANDSHUT
PRISE DE LANDSHUTT
Échelle de 1250 Toises.
Français.
Bavarois.
Wurtembergeois.
Autrichiens.
A. Corps du maréchal Oudinot arrivant de Pfaffenhausen.
B. Wurtembergeois avec l'Empereur.
H. Colonne d'attaque du général Mouton.
U. 3e Corps autrichien retraite
3. Corps du maréchal duc de Rivoli
V. Cavalerie du duc d'Istrie.
I. Bataillon de grenadiers autrichiens défendant le pont de Landshutt.
N. 2e Corps de réserve autrichien.
R. Corps du général Naanen se retirant devant le duc de Rivoli.
C. Corps du duc de Montebello.
G. Corps du duc de Dantzig avec les Bavarois.
M. 6e Corps autrichien.
P. Corps détaché du général Kienmayer envoyé en arrière pour assurer la

BATAILLE D'ECKMÜHL
livrée le 22 Avril 1809
Par L'EMPEREUR NAPOLÉON
à S.A.I.R. l'Archiduc Charles
Généralissime des troupes Autrichiennes
Autrichiens   Bavarois
Français   Wurtembergeois
Échelle de deux Lieues de France 25 à un Degré
RATISBONNE
KELHEIM
NEUSTADT
ABENSBERG
PFEFFEN

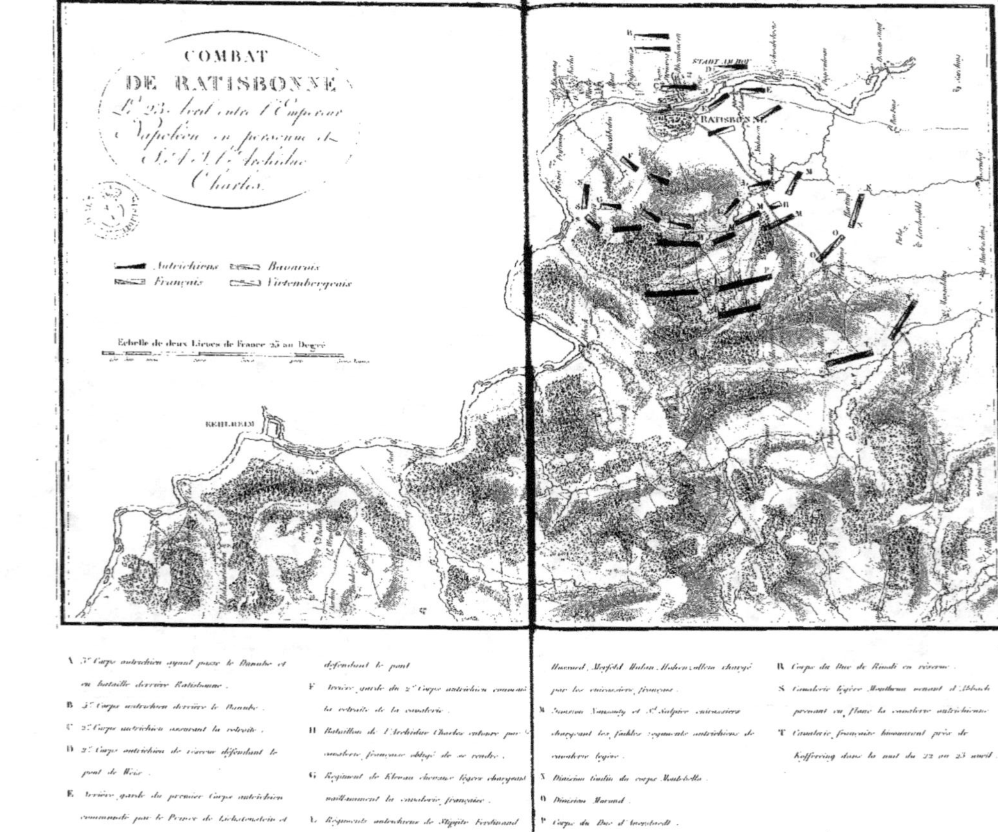

COMBAT
DE RATISBONNE
Le 23. Avril entre l'Empereur
Napoléon en personne et
S. A. I. L'Archiduc
Charles

Autrichiens   Bavarois
Français   Virtembergeois

Echelle de deux Lieues de France 25 au Degré

RATISBONNE
STADT AM HOF
KEHLHEIM

A 5.e Corps autrichien ayant passé le Danube et en bataille derrière Ratisbonne.
B 3.e Corps autrichien derrière le Danube.
C 2.e Corps autrichien assurant la retraite.
D 2.e Corps autrichien de réserve défendant le pont de Kios.
E Arrière garde du premier Corps autrichien commandé par le Prince de Lichtenstein et défendant le pont
F Arrière garde du 2.e Corps autrichien couvrant la retraite de la cavalerie.
H Bataillon de l'Archiduc Charles entouré par la cavalerie française obligé de se rendre.
G Régiment de Klenau chevaux légers chargeant vaillamment la cavalerie française.
I Régiments autrichiens de Hippolyte Ferdinand
Hussard, Merfeld, Hohen, Hohenzollern chargé par les cuirassiers français.
M Cuirassiers Nansouty et S.t Sulpice cuirassiers chargeant les faibles régiments autrichiens de cavalerie légère.
N Division tirailleurs du corps Montbrun.
O Division Morand.
P Corps du Duc d'Auerstaedt.
R Corps du Duc de Rivoli en réserve.
S Cavalerie légère Montbrun venant d'Abbach prenant en flanc la cavalerie autrichienne.
T Cavalerie française bivouaquant près de Koffering dans la nuit du 22 au 23 avril.

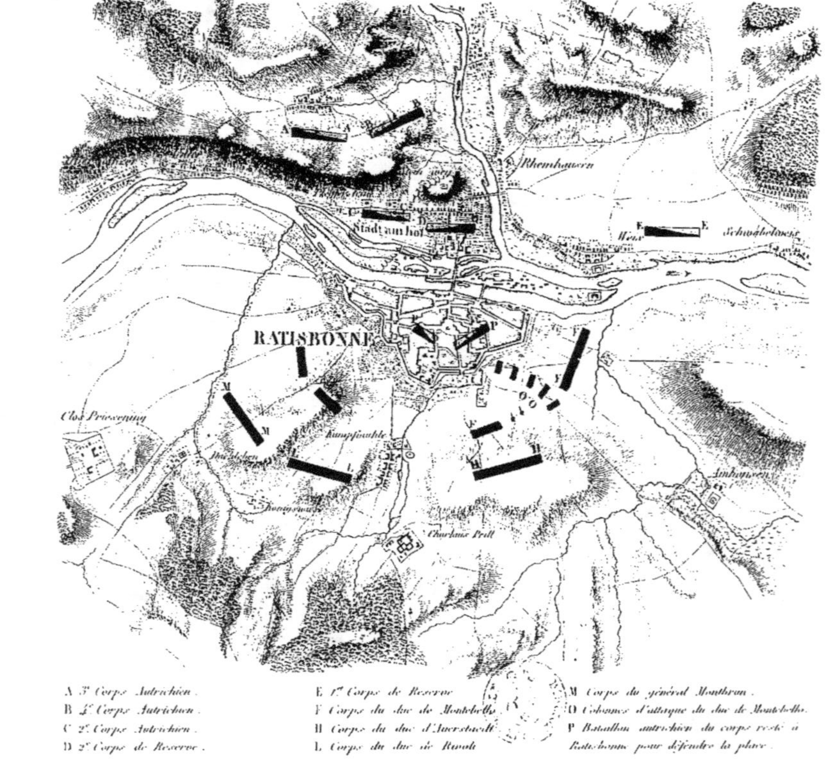

PRISE DE RATISBONNE
RATISBONNE
Stadt am hof
Rheinhausen
Clos Preissening
Kumpfmühle
Charlaus Prüll
Abensberg
Schwäbelucke
Weus
Amhausen
A 3.° Corps Autrichien.
B 4.° Corps Autrichien.
C 2.° Corps Autrichien.
D 2.° Corps de Reserve.
E 1.° Corps de Reserve
F Corps du duc de Montebello
H Corps du duc d'Auerstaedt
L Corps du duc de Rivoli
M Corps du général Montbrun.
O Colonnes d'attaque du duc de Montebello.
P Bataillon autrichien du corps resté à Ratisbonne pour défendre la place.

ENVIRONS DE VIENNE.
Lieues communes d'Allemagne.

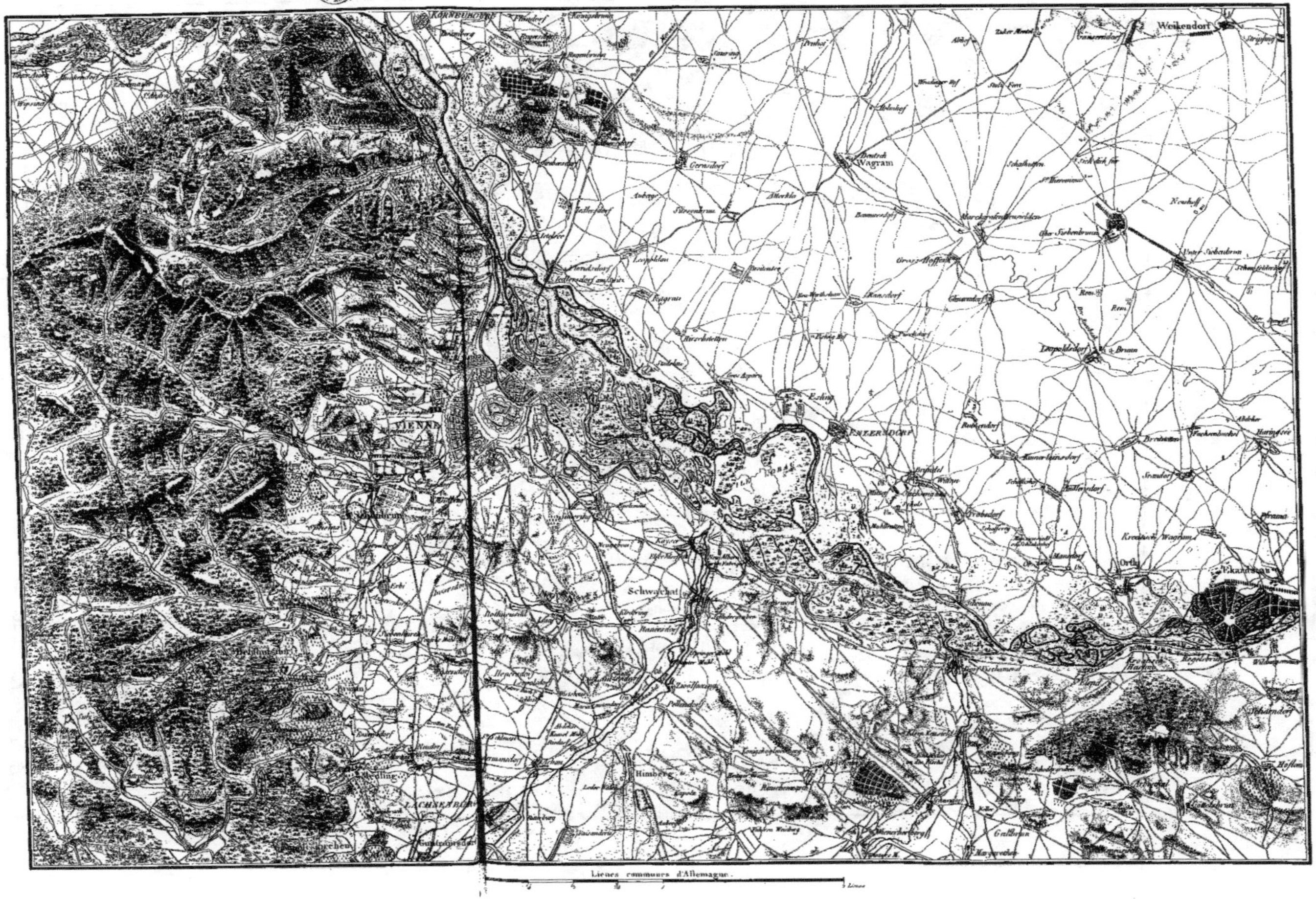

BATAILLE D'ESLING
le 21 et 22 Mai
entre S.M. L'EMPEREUR NAPOLÉON
et S.A.I.L. L'Archiduc Charles

A. 3e Corps d'armée Autrichien.
B. 6e Corps d'armée Autrichien.
C. 1er Corps d'Armée.
D. 2e Corps d'armée.
E. Réserve de Grenadiers.
G. Réserve de Cavalerie.
H. 4e Corps d'armée en marche.
M. Dernier Pont de Bateaux.
a. Position des armées autrichiennes et Françaises avant la bataille.
b. Position des mêmes armées à la fin de la bataille.
b. Marche de l'armée autrichienne en cinq Colonnes d'attaque.

Echelle de 2 Lieues ou 2 Mille d'Allemagne.

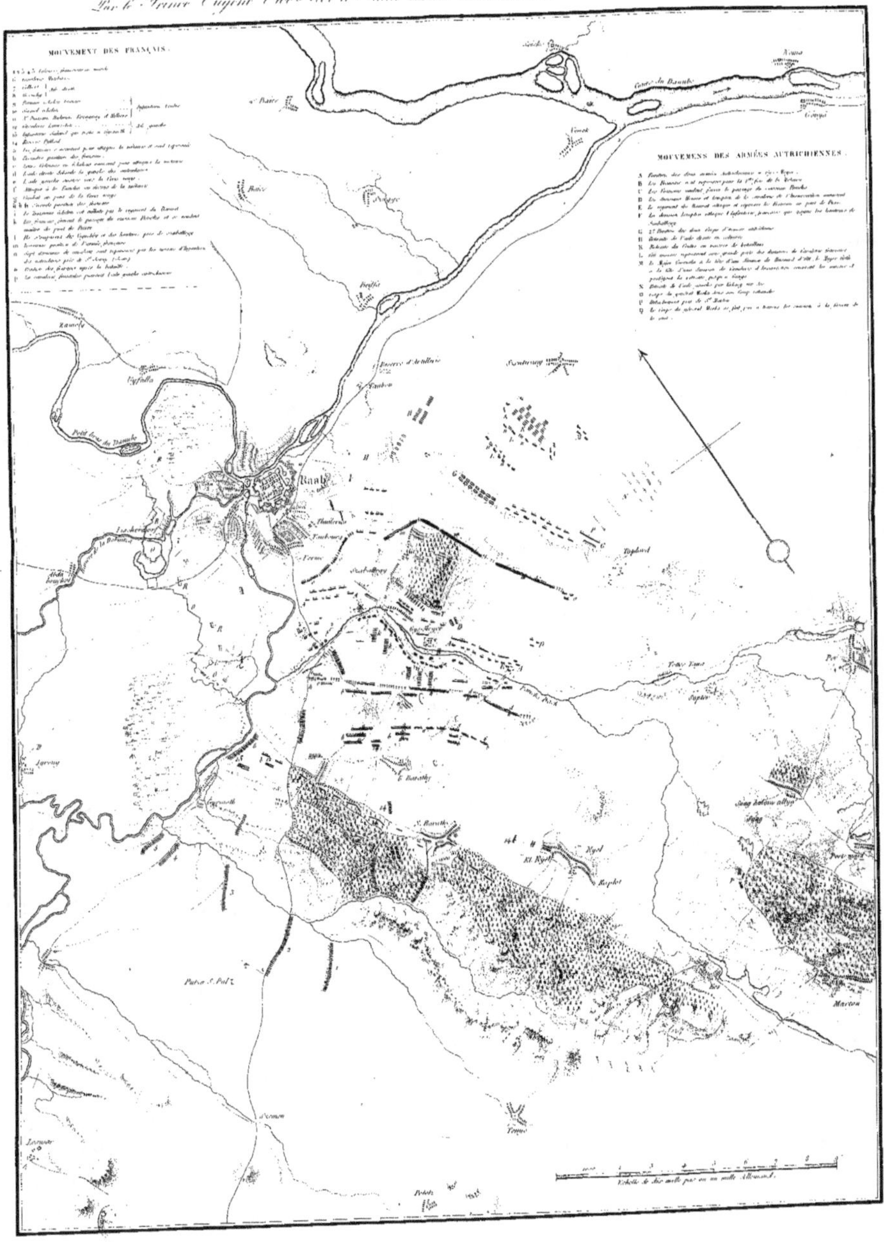

PLAN de la BATAILLE de RAAB gagnée le 14 Juin 1809.
Par le Prince Eugène Vice-Roi d'Italie sur les Armées réunies des Archiducs Jean & Joseph.
MOUVEMENT DES FRANÇAIS.
MOUVEMENS DES ARMÉES AUTRICHIENNES.
Raab
Echelle de dix mille pas ou un mille Allemand.

Revue de la Garde Impériale

dans la plaine de Schönbrunn le . Juillet 1809

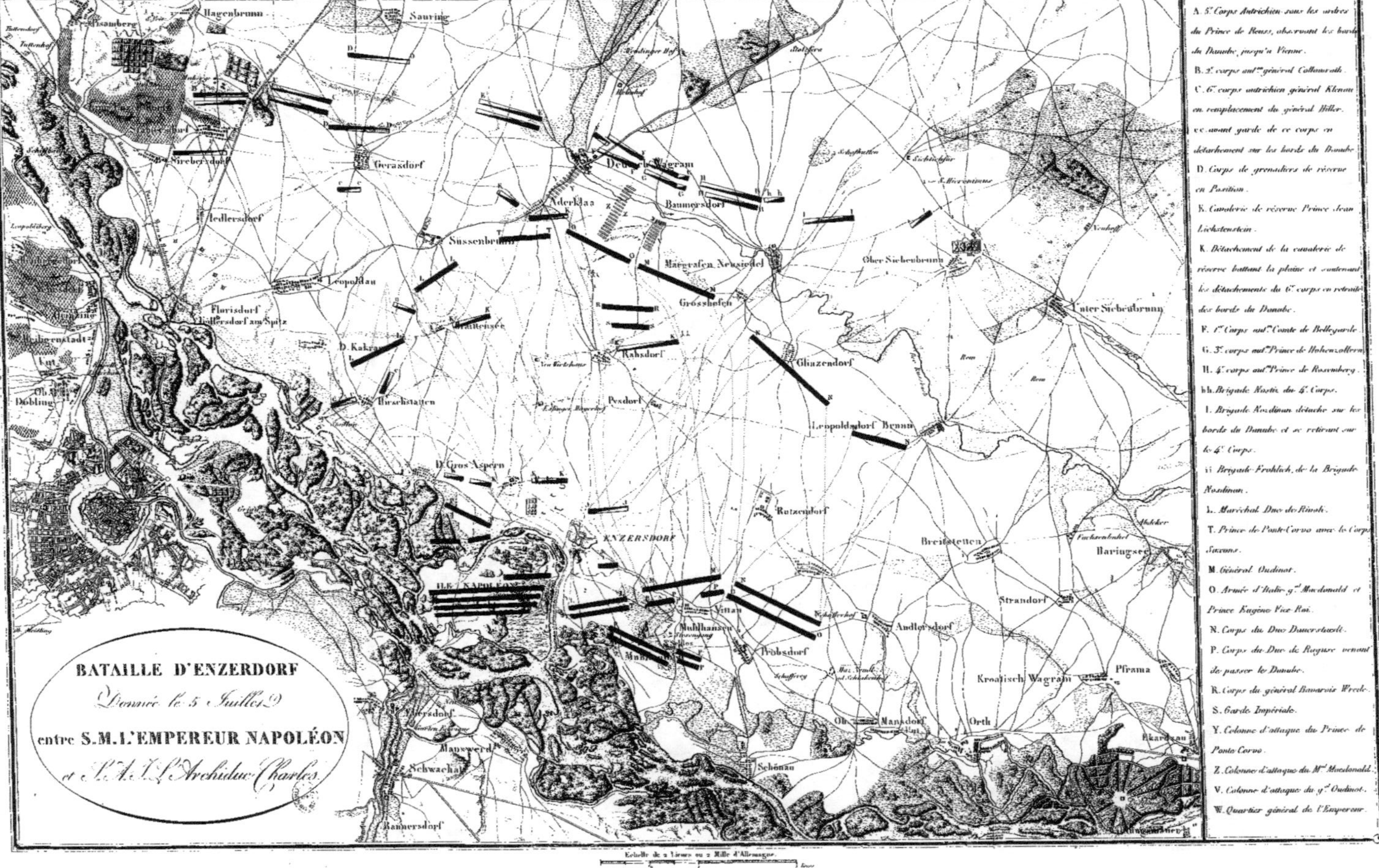

BATAILLE D'ENZERDORF
Donnée le 5 Juillet
entre S.M. L'EMPEREUR NAPOLÉON
et S.A.I.L'Archiduc Charles.

A. 5e Corps Autrichien sous les ordres du Prince de Reuss, observant les bords du Danube, jusqu'à Vienne.
B. 2e corps aut.en général Collowrath.
C. 6e corps autrichien général Klenau en remplacement du général Hiller.
cc. avant garde de ce corps en détachement sur les bords du Danube.
D. Corps de grenadiers de réserve en Position.
E. Cavalerie de réserve Prince Jean Lichtenstein.
K. Détachement de la cavalerie de réserve battant la plaine et soutenant les détachements du 6e corps en retraite des bords du Danube.
F. 1er Corps aut.en Comte de Bellegarde.
G. 3e corps aut.en Prince de Hohenzollern.
H. 4e corps aut.en Prince de Rosemberg.
hh. Brigade Nostic du 4e Corps.
I. Brigade Nordinan détaché sur les bords du Danube et se retirant sur le 4e Corps.
ii. Brigade Frohlich, de la Brigade Nordinan.
L. Maréchal Duc de Rivoli.
T. Prince de Ponte-Corvo avec le Corps Saxons.
M. Général Oudinot.
O. Armée d'Italie g.al Macdonald et Prince Eugène Vice-Roi.
N. Corps du Duc Danerstaedt.
P. Corps du Duc de Raguse venant de passer le Danube.
R. Corps du général Bavarois Wrede.
S. Garde Impériale.
Y. Colonne d'attaque du Prince de Ponte Corvo.
Z. Colonne d'attaque du M.al Macdonald.
V. Colonne d'attaque du g.al Oudinot.
W. Quartier général de l'Empereur.

Echelle de 2 Lieues ou 2 Mille d'Allemagne.

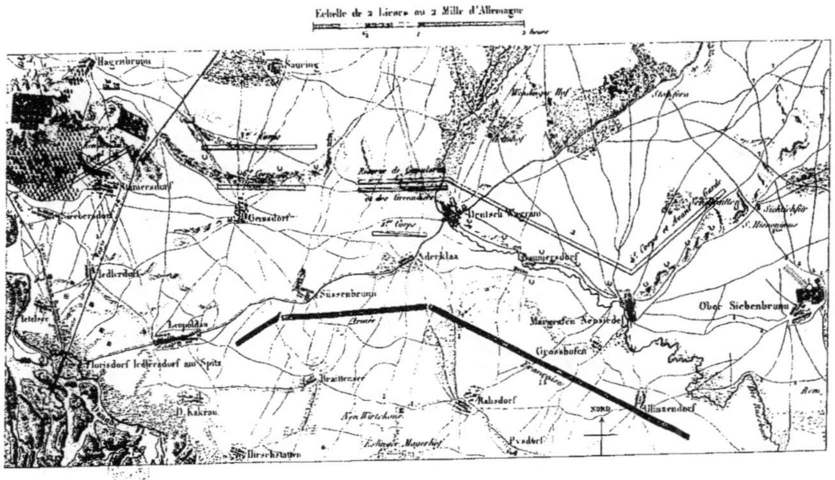

Échelle de 2 Lieues ou 2 Mille d'Allemagne

POSITION DU RUSSBACH

Telle qu'on auroit pu la fortifier.

Dessiné par Zier
Konrad pl. sculp
L'Archiduc Charles reprend la position du Russ-bach
le soir de la première ou 3.

L'héroïsme de l'Empereur Napoléon

[...] bataille de Wagram

Echelle de 800 Toises.
Quartier G.l Imperial, jusqu'à Juillet au matin.
Ile Napoléon ou Lobau
Enzersdorf
Stadt Enzersdorf
PLAN DE L'ILE LOBAU
Au moment de la Bataille de Wagram.

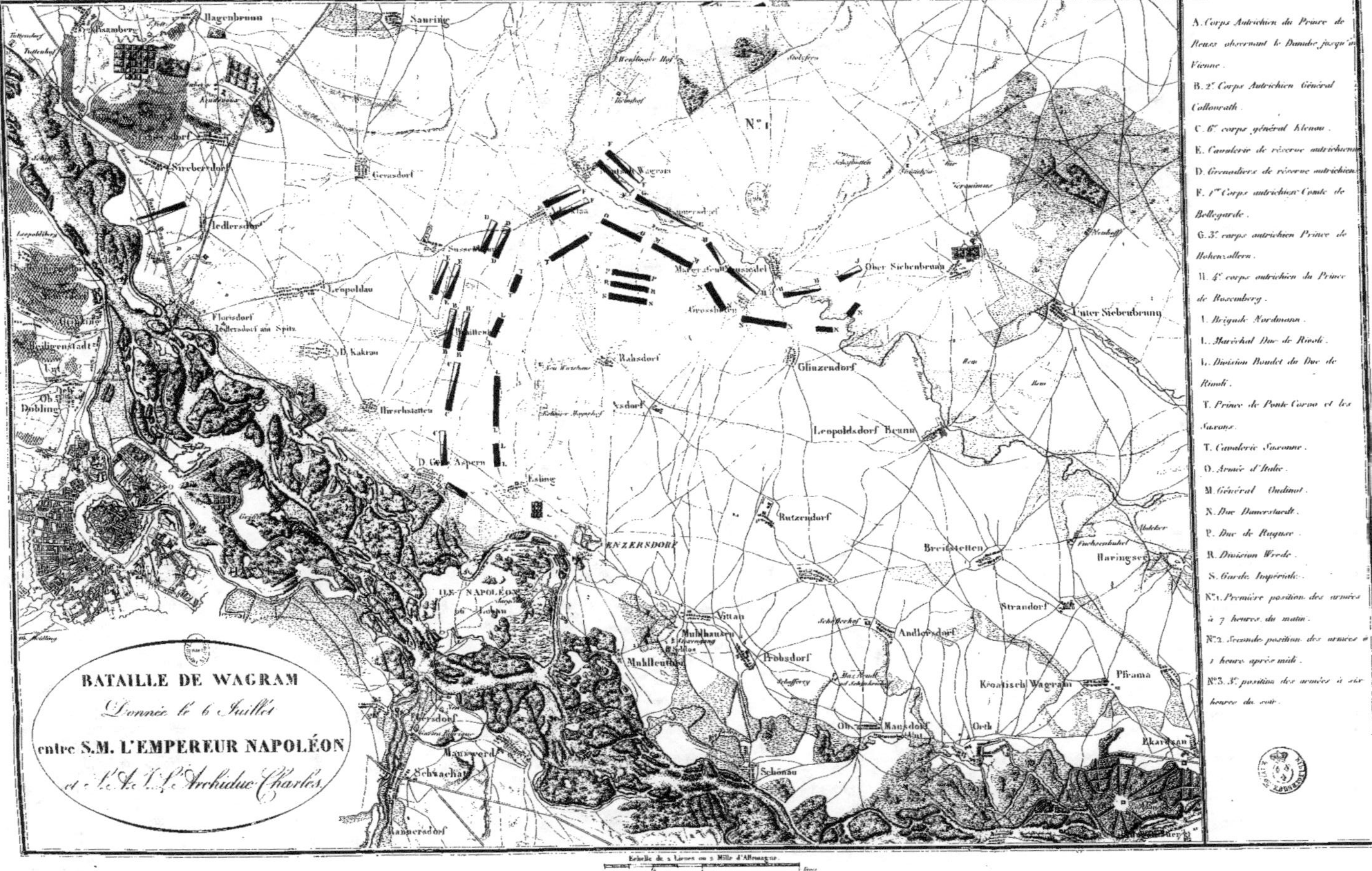

BATAILLE DE WAGRAM
Donnée le 6 Juillet
entre S.M. L'EMPEREUR NAPOLÉON
et S.A.I.R. l'Archiduc Charles.

A. Corps Autrichien du Prince de Reuss observant le Danube jusqu'à Vienne.
B. 2e Corps Autrichien Général Collowrath.
C. 6e corps général Klenau.
E. Cavalerie de réserve autrichienne.
D. Grenadiers de réserve autrichiens.
F. 1er Corps autrichien Comte de Bellegarde.
G. 3e corps autrichien Prince de Hohenzollern.
H. 4e corps autrichien du Prince de Rosemberg.
I. Brigade Nordmann.
K. Maréchal Duc de Rivoli.
L. Division Boudet du Duc de Rivoli.
T. Prince de Ponte Corvo et les Saxons.
T. Cavalerie Saxonne.
O. Armée d'Italie.
M. Général Oudinot.
N. Duc Dauerstaedt.
P. Duc de Raguse.
R. Division Wrede.
S. Garde Impériale.
No.1. Première position des armées à 7 heures du matin.
No.2. Seconde position des armées à 1 heure après midi.
No.3. 3e position des armées à ... heures du soir.

Echelle de 2 Lienes ou 2 Mille d'Allemagne.

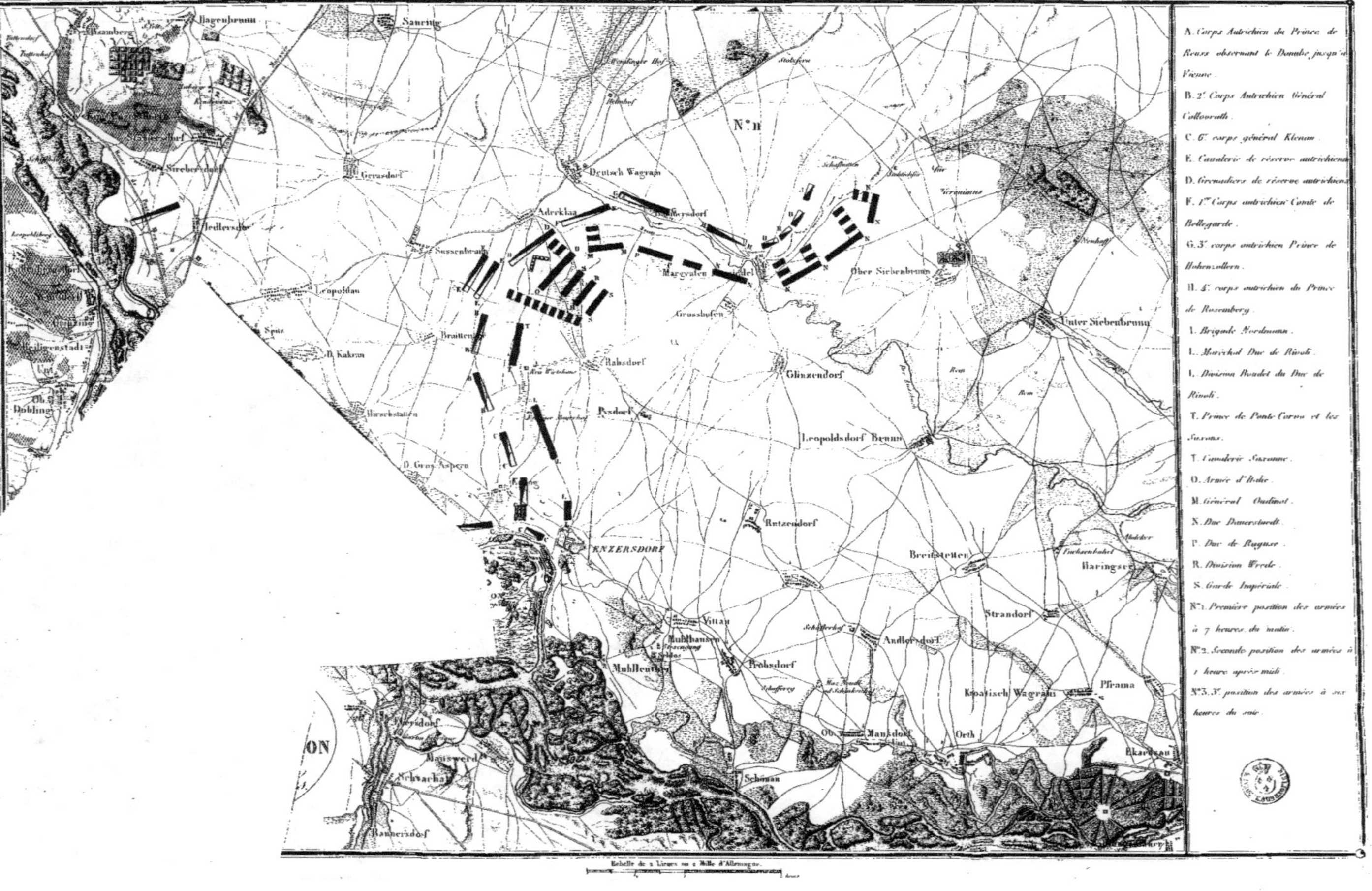

A. Corps Autrichien du Prince de Reuss observant le Danube jusqu'à Vienne.
B. 2e Corps Autrichien Général Collovrath.
C. 6e corps général Klenau.
E. Cavalerie de réserve autrichienne.
D. Grenadiers de réserve autrichiens.
F. 1er Corps autrichien Comte de Bellegarde.
G. 3e corps autrichien Prince de Hohenzollern.
H. 4e corps autrichien du Prince de Rosemberg.
I. Brigade Nordmann.
L. Maréchal Duc de Rivoli.
L. Division Boudet du Duc de Rivoli.
T. Prince de Ponte Corvo et les Saxons.
T. Cavalerie Saxonne.
O. Armée d'Italie.
M. Général Oudinot.
N. Duc Dauerstaedt.
P. Duc de Raguse.
R. Division Wrede.
S. Garde Impériale.
No. 1. Première position des armées à 7 heures du matin.
No. 2. Seconde position des armées à 1 heure après midi.
No. 3. 3e position des armées à six heures du soir.
Echelle de 2 Lieues ou 2 Mille d'Allemagne.

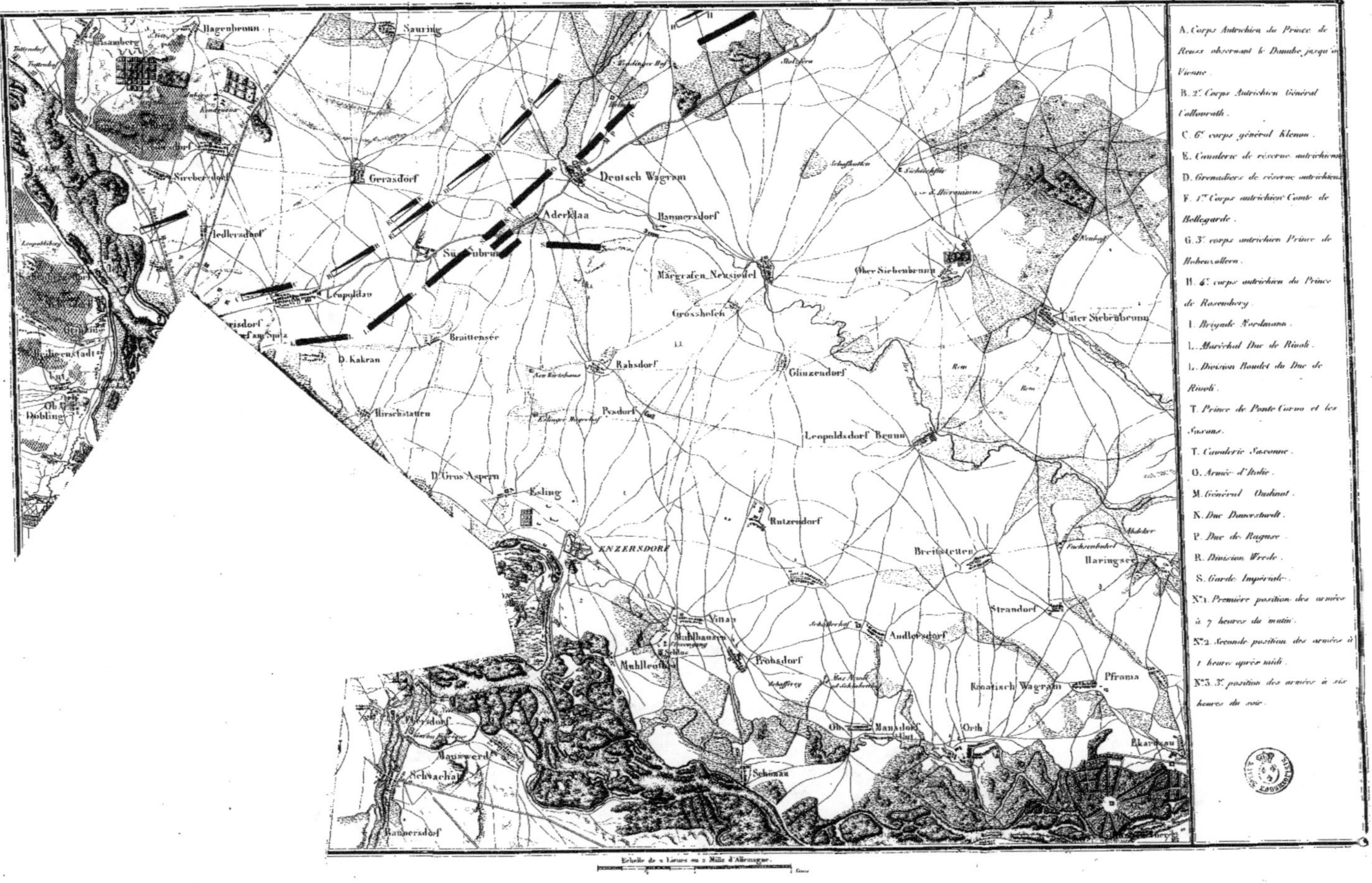

Hagenbrunn
Sauring
Bisamberg
Tottendorf
Stiebersdorf
Gerasdorf
Deutsch Wagram
Aderklaa
Süssenbrunn
Hammersdorf
Hirschstetten
Leopoldau
Margrafen Neusiedel
Ober Siebenbrunn
Breittensee
D. Kakran
Rahsdorf
Grosshofen
Glinzendorf
Unter Siebenbrunn
Pysdorf
D. Gros Aspern
Esling
Leopoldsdorf Brunn
ENZERSDORF
Rutzendorf
Breitstetten
Haringsee
Vinau
Strandorf
Mühlhausen
Andlersdorf
Mühlleuthen
Probsdorf
Kroatisch Wagram
Pframa
Ober Manadorf
Orth
Schwachat
Schönau
Hammersdorf
Echelle de 2 Lieues ou 2 Mille d'Allemagne.

A. Corps Autrichien du Prince de Reuss observant le Danube jusqu'à Vienne.
B. 2e Corps Autrichien Général Collowrath.
C. 6e corps général Klenau.
E. Cavalerie de réserve autrichienne.
D. Grenadiers de réserve autrichiens.
F. 1er Corps autrichien Comte de Bellegarde.
G. 3e corps autrichien Prince de Hohenzollern.
H. 4e corps autrichien du Prince de Rosemberg.
I. Brigade Nordmann.
L. Maréchal Duc de Rivoli.
L. Division Boudet du Duc de Rivoli.
T. Prince de Ponte Corvo et les Saxons.
T. Cavalerie Saxonne.
O. Armée d'Italie.
M. Général Oudinot.
N. Duc Danerstadt.
P. Duc de Raguse.
R. Division Wrede.
S. Garde Impériale.
N°1. Première position des armées à 7 heures du matin.
N°2. Seconde position des armées à 1 heure après midi.
N°3. 3e position des armées à six heures du soir.

Dess. de la Roche comp.
Retouché par Vic
Binck sculp.
L'Empereur Napoléon
reçoit avec les Prisonniers Autrichiens après la Bataille de Wagram

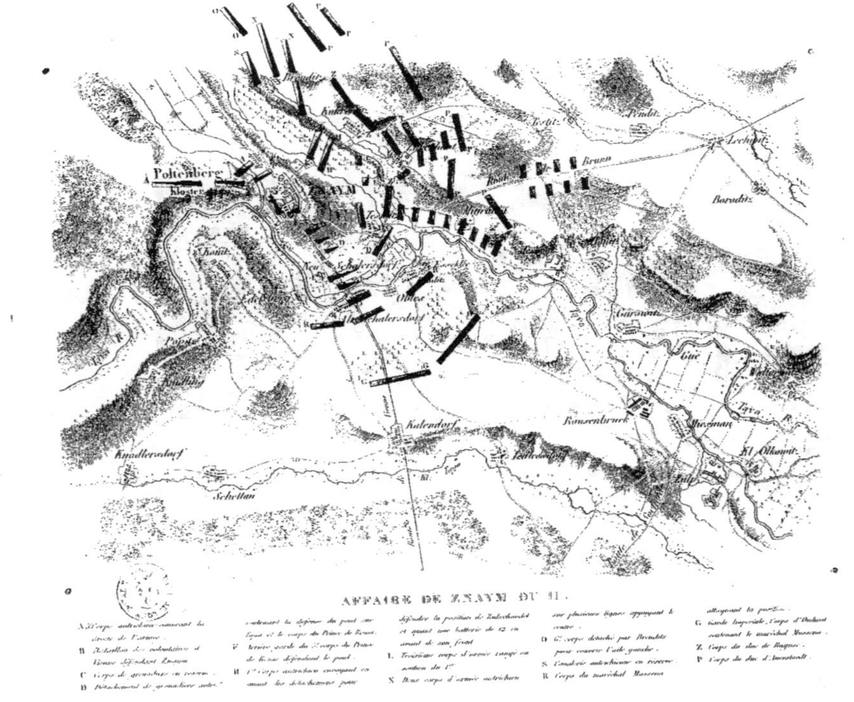

AFFAIRE DE ZNAYM DU 11.
Poltenberg
Kloster
Brunn
Baraditz
Lechwitz
Teschit
Pendit
Neu Schalersdorf
Alt Schalersdorf
Edelspitz
Poleitz
Kalendorf
Rausenbruck
Schellau
Knadlersdorf
Gué
Tova R.
Kl. Olkowit

A XI.e corps autrichien couvrant la droite de l'armée.
B Echellon de cavalerie et l'armée défendant Znaym.
C Corps de grenadiers en réserve.
D Détachement de grenadiers autr.
E Avant garde du II.e corps du Prince de Reuss défendant le pont.
H I.er corps autrichien couvrant en avant les détachemens pour défendre la position de Zuckerhandel et ayant une batterie de 12 en avant de son front.
I Troisième corps d'armée rangé en arrière du I.er
K Deux corps d'armée autrichien sur plusieurs lignes appuyant le centre.
O 6.e corps détaché par Bernadotte pour couvrir l'aile gauche.
S Cavalerie autrichienne en réserve.
R Corps du maréchal Masséna.
G Garde Impériale, Corps d'Oudinot couvrant le maréchal Masséna.
Z Corps du duc de Raguse.
P Corps du duc d'Auerstaedt.

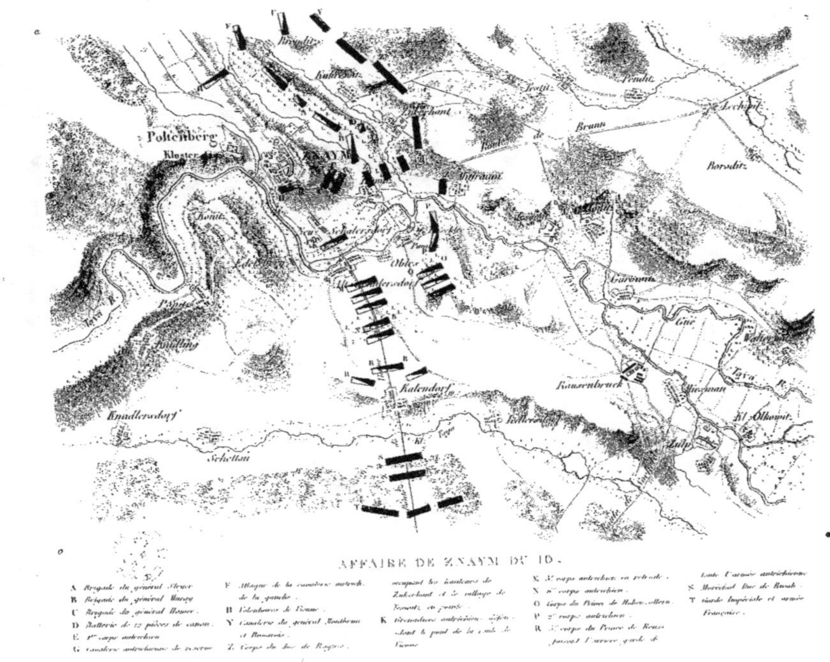

Poltenberg
Kloster
Bradlitz
Kukrowitz
Zestlitz
Tesswitz
Teswitz de Brunn
Lechwitz
Borsditz
Wingrauw
Sedlerschitz
Oblas
Neudorf
Messersdorf
Garonne
Gue
Valier
Java R.
Kausenbruck
Wiesman
Kl. Olkowitz
Zulp
Kalendorf
Tellerschitz
Knadlersdorf
Schellau

AFFAIRE DE ZNAYM DU 10.

A Brigade du général Stoyer
B Brigade du général Marcy
C Brigade du général Messer.
D Batterie de 12 pièces de canon.
E 1er corps autrichien
G cavalerie autrichienne de réserve
F Attaque de la cavalerie autrich. de la gauche.
H Volontaires de Vienne.
Y cavalerie du général Montbrun et Romarin.
Z Corps du duc de Raguse.
occupant les hauteurs de Zuckohaut et le village de Tesswitz en pente.
K Grenadiers autrichiens défendant le pont de la route de Vienne
L X corps autrichien en retraite.
M X corps autrichien.
N n corps autrichien.
O Corps du Prince de Hohenzollern.
P 2e corps autrichien.
R 3e corps du Prince de Reuss faisant l'arrière garde de
toute l'armée autrichienne.
S Maréchal Duc de Rivoli.
T Garde Impériale et armée française.